Mark Sarg

„Abstrahieren Sie sich!“

Mark Sarg

„Abstrahieren Sie sich!“

Bizarre Kurzgeschichten

Goldene Rakete Verlag für Belletristik

Imprint

Cover image: www.ingimage.com

Publisher:
Goldene Rakete Verlag für Belletristik
is a trademark of
International Book Market Service Ltd., member of OmniScriptum Publishing Group
17 Meldrum Street, Beau Bassin 71504, Mauritius
Printed at: see last page
ISBN: 978-620-0-51947-4

INHALTSVERZEICHNIS

FRENETISCHER JUBEL ODER

DIE SCHLECHTE EIGENMEINUNG

Frenetischer Jubel brach jedes Mal aus, wenn Mrs. Uppsala Fallobst ihr Schlafzimmer betrat. Sie hatte einfach den Lichtschalter an ihre Stereoanlage gekoppelt, aus der sie dann einige Zeit lang „gefeiert“ wurde.

Damit gedachte sie sich über ihre Einsamkeit hinwegzutäuschen. Und als ihr dieses nicht mehr gelang, schaffte sie sich stattdessen einen Roboter an.

Denn einen ***menschlichen*** Umgang ins Auge zu fassen, war für sie absolut ***keine*** Option, da sie eine ausgeprägt ***negative*** Meinung von dieser Spezies hatte.

Weil sie ihr ***selbst*** angehörte.

DER PAPST ALS SCHNEEFLOCKE

Unschuldig wie eine Schneeflocke gedachte Papst Edelbirn II. dereinst in den Himmel zu segeln.

Und erinnerte sich leider viel zu spät, dass diese ja stets von oben ***herab***fallen …

DER PAPST ALS KUHHIRT

Ein leuchtendes Vorbild an politischer Korrektheit, verstand sich Papst Knautschhirn der Elastische stets als ***Kuh***hirt.

Denn er wusste, dass die Christen als „Schafe“ ***beleidigt*** gewesen wären!

DAS LEBEN IM MÄUSELOCH

„Leben Sie in einem ***Mäuseloch***?", pflegte der Soziologieprofessor Adelphi Jungschädel all jene Diskutanten zu fragen, die unbelehrbar und unbeirrt am starren, althergebrachten Klischee der strikten ***Geschlechtertrennung*** festhielten und damit die Welt in lediglich ***zwei*** (!) Gruppen aufzuteilen beliebten.

In Wahrheit ***gäbe*** es nämlich keine Frauen und Männer – oder nur in ***oberflächlichster***, ***biologischer*** Hinsicht –, sondern bloß ***Menschen***, die alle völlig individuell und unterschiedlich mit weiblichen ***und*** männlichen Anteilen durchmischt seien.

Weswegen eine ganz gewöhnliche „Heterofrau" höchst ***aggressiv*** sein könne und ein ebensolcher Mann überaus ***sanft***. Wobei bezeichnenderweise gerade jene Frauen, die am ***kriegerischsten*** für die Beibehaltung ihrer steinzeitlichen Thesen kämpften, gar nicht merkten, wie sehr sie diese durch ihr eigenes Auftreten ***ad absurdum*** führten.

Würde man ***endlich*** alle Erkenntnisse vorbehaltlos akzeptieren, könnte man wahrhaftig zu erheblich ***mehr*** Frieden und Gerechtigkeit auf der Erde beitragen.

Offenbar fällt es aber gar nicht wenigen Zeitgenossen äußerst schwer, ihr gewohntes Denkschema aufzuweichen. Im Mäuseloch lebt sichs anscheinend doch gemütlicher und „sicherer" …

DIE WEITE HOSE

Eine Hose war so weit, dass sie ihren Inhaber, Baron Ottavio Schleichvogel ständig zu verschlucken drohte.

Bis sie eines Tages ihre Drohung wahr machte und dies buchstäblich ***tat***.

Nun war es ihm auch leider nicht mehr möglich, eine ***neue*** anzuschaffen, was er immer wieder vertagt hatte.

Wichtige Entscheidungen sollte man daher keinesfalls zu ***lange*** aufschieben …

„VERMURKSEN SIE SICH!“

„Vermurksen Sie sich ruhig weiter Ihr Leben durch Ihre Ungläubigkeit! Der Teufel freut sich schon auf Sie!“, verwarnte Bischof Réomyr Zwiebelrock in einer leidenschaftlichen Diskussionsrunde den prominenten Agnostiker Prof. Maurice Schlüpfhut.

Doch auch in ***diesem*** Punkte irrte der „Gottesmann“ ganz gewaltig – denn Luzifer wartete bereits sehnlichst auf ***ihn***!

„VERMURKSEN SIE SICH NICHT!“

„Vermurksen Sie sich nicht Ihr Leben, indem Sie ständig in die Zeitung gaffen!“, maßregelte Frau Anastasia Schweinefinger Gemahl Stanislaus.

Worauf er sie in aller Form belehrte, dass dieses spätestens durch seine Ehe mit ihr ohnehin längst vermurkst sei.

Da murkste sie ihn einfach kaltblütig ab – damit er auch wirklich recht behielt.

„VERMURKSEN SIE MICH!“

„Vermurksen Sie mich ruhig, das ist mir nun auch schon einerlei!“, ermunterte der bereits in Agonie befindliche Hofrat Lydius Seidenbein den Doktor Urbino Windelrein, der sogar jetzt noch „korrigierend“ eingreifen wollte.

Worauf ihn dieser ein „gottloses, undankbares Individuum“ schalt und ihn endlich sterben ließ.

Dafür freilich erhielt er von drüben nicht nur ***seinen*** Segen …

„VERMURKSEN SIE MICH NICHT!“

„***Vermurksen*** Sie mich bitte nicht!“, appellierte flehentlich der schüchterne Kunststudent Bernardo Edelzwirn an seine Kommilitonen, die ihn heißblütig dazu überredet hatten, sich als Aktmodell zur Verfügung zu stellen.

Als er sich anschließend bangen Herzens die entstandenen „Werke“ besah, war er derart schockiert, dass er nicht nur sein eigenes Studium abbrach – sondern sich fortan nie mehr nackt im Spiegel betrachten konnte.

DER HUT UND DIE FEDER

Ein Hut hatte seine geliebte Feder verloren
und wäre ***ohne*** sie um ein Haar erfroren –
hatte er sie doch als ***herzerwärmend*** erkoren.

Nun besann er sich rasch auf sich ***selber*** wieder –
und siehe da, von ***neuem*** spross sein „Gefieder“!

DER HERR OHNE SANDALEN

Dass ein Herr ohne Sandalen durch das Stadtzentrum von Maubidax schlich, wäre wegen des nicht allzu weit entfernten Strandes vielleicht noch nicht so ungewöhnlich gewesen.

Da er aber obendrein eine zerrissene und geflickte Kutte trug und einen ebensolchen ***Blick*** hatte, konnte dies wahrlich nur ***eines*** bedeuten: Es war ein ***Heiliger***, der inkognito die Leute prüfen wollte!

Folglich scharten sie sich augenblicklich um ihn und päppelten ihn ordentlich mit ihren Zuwendungen auf – sodass er sich auch gleich ein neues Gewand zulegen konnte.

Wodurch sich sogar sein ***Blick*** plötzlich klärte …

„BRANDMARKEN SIE SICH!"

„Brandmarken Sie sich, damit Sie später dann ***verklärt*** werden!"

Sich besonders schlau dünkend, gedachte Mrs. Belinda Frostsack dieses Verfahren ***ohne*** unnütze Wartezeit anzuwenden.

Sie ging in die Politik, wurde durch ihre Wahlsiege schon zu ***Lebzeiten*** verklärt – danach aber mit aller Entschiedenheit ***verdammt***!

„BRANDMARKEN SIE SICH NICHT!“

„Brandmarken Sie sich nicht – es wäre äußerst schade um Sie!“, versuchten seine Freunde und Bekannten den etwas schrulligen Monsieur Lavignac Dorfhummel davon abzubringen, sich ein stattliches Kreuz auf den Rücken tätowieren zu lassen.

Da sich der Gute jedoch neuerdings für ***Jesus*** hielt – war es aber offenbar ohnehin schon um ihn geschehen.

„BRANDMARKEN SIE MICH!“

„Brandmarken Sie mich, ich habe es weiß Gott verdient!“, nervte unentwegt ein wildfremder Passant auf der Straße Sir Lobster Zwiebelstock – bis er ihm, um ihn endlich loszuwerden, den Gefallen tat.

Und da ihm gerade kein anderes Schmähwort einfiel, nannte er ihn in aller Öffentlichkeit einen „typischen ***Menschen***“!

Zufrieden küsste ihm da der andere die Hand, dankte ihm herzlich und zog erleichtert weiter.

„BRANDMARKEN SIE MICH NICHT!“

„Brandmarken Sie mich nicht!“, bat inständig Signor Bravissimo Hutschpferd, als ihn Padre Erminio Streunehengst beim Lauschen vor seinem Beichtstuhl ertappt hatte, „Aber ich kenne einfach kein größeres Vergnügen, als am Schlusse zu hören, wie der Herrgott alles vergibt!“

Überaus ***geschmeichelt*** lud er ihn da sogar ein, auch künftig seinen Vergebungen zu lauschen …

DAS VERHUSCHTE GESCHÖPF

Ein verhuschtes Geschöpf huschte ständig vor sich selbst davon.

Erst wenn es glaubte, sich nicht mehr finden zu können, fühlte es sich einigermaßen sicher vor sich.

Kaum hatte es sich aber wieder entdeckt, huschte es erneut in Panik weg.

Und so verfuhr es, bis es schon gar nicht mehr huschen ***konnte*** – und sich nun plötzlich zur Gänze ***ausgeliefert*** war.

Doch merkte es jetzt endlich auch zu seiner immensen Erleichterung, dass seine Furcht völlig ***unbegründet*** gewesen – und gab selig und versöhnt den Geist auf.

DIE NONCHALANTE KREATUR

Ganz nonchalant setzte sich eine Kreatur einfach jedem auf den Schoß.

Und wem dies partout nicht behagen wollte, dem biss sie zur Erlösung ganz nonchalant den Kopf ab.

Um ihn dann freilich ganz ***formvollendet*** zu verzehren!

DER PAPST ALS WINKELADVOKAT

Immer mehr erkannte Papst Honigkraut der Schmackhafte im Laufe seines Amtes die absolute ***Sinnwidrigkeit*** des starren Kirchenrechts, dem zu folgen er ja berufen war – brachte jedoch weder den nötigen Mut noch die Konsequenz auf, daran etwas zu ändern, sondern suchte sich stattdessen krampfhaft selber zu belügen.

Sodass er sich am Ende ganz wie ein Winkeladvokat fühlte. „Hoffentlich sieht mich der Herr nicht auch so!“, bangte er bis zuletzt.

Zwar hatte dieser ihm – schon wegen seiner Einsicht – sicherlich vergeben, sah ihn aber dessen ungeachtet vermutlich genauso …

DER PAPST ALS HACKBRATEN

Wer jetzt allzu voreilig meint, diese seltsame Metamorphose könne wohl nur wieder einmal nach dem obligaten Abstieg in die Hölle erfolgt sein, irrt sich diesmal ganz gewaltig.

Denn Papst Wirsing der Unnachahmliche besaß die erstaunliche – im Grunde ja ***göttliche*** – Eigenschaft, alles das, was ihm besonders lieb und teuer war, auch in sich ***selbst*** zu sehen.

Und nachdem nun Hackbraten mit viel Petersilie und Lauch sein erklärtes Leibgericht war, ***fühlte*** er sich zwangsläufig auch so …

DER PAPST ALS KLAPPERSCHLANGE

In seinen vielbeachteten Pamphleten bezeichnete der Religionsforscher Prof. Ganzarillo Edelflock die Heiligen Väter insgesamt gerne als „falsche Schlangen“.

Wobei er den damals amtierenden Papst Rüschengack den Galanten noch ganz besonders als ***Klapperschlange*** hervorhob – weil er so schön mit dem falschen Gebiss klapperte.

Es geht eben nichts über die liebevolle Auseinandersetzung mit der Kirche …

DIE BEIDEN FIGURANTEN

Zwei Figuranten beschlossen, endlich ***Haupt***akteure zu werden
– doch sollte ihnen dies partout nicht mehr gelingen auf Erden.

Erst drüben vermochten sie ihren Traum zu realisieren –
und nun als „kuriose Botschafter der Erde“ zu fungieren.

DER PAPST ALS HUTSCHENSCHLEUDERER

Ungehorsame Christen, die die Welt als ihren Jahrmarkt betrachten, auf Hutschen in die verdiente Hölle schleudern – und sich selbst am Ende in den Himmel!

Soweit die fromme Wunschvorstellung von Papst Sargbauch dem Ernsten.

Da heute nicht mal mehr sein Name geläufig ist, lässt sich auch unschwer erahnen, was von der Idee übrigblieb …

DER PAPST ALS SCHLITTENHUND

Als der päpstliche Schlittenhund samt Anhang
vor dem Himmelstor sein Eintrittsgesuch sang,
hieß man ihn noch eine Zeitlang auf ***Erden*** bellen
– damit sich sein Geist möge weit ***mehr*** erhellen!

DER PAPST ALS KLAPPERSTORCH ODER DIE HEILIGEN BASTARDE

Immer wenn das zutiefst papsthörige Ehepaar Elena und Abèle Dorfzwirn Nachwuchs bekam, erklärten sie dem schon vorhandenen Bestand, dass dies ausschließlich dem ***Heiligen Vater*** in seiner Rolle als Klapperstroch zu danken sei.

Als der Gatte jedoch reichlich spät herausfand, dass er selber zeugungs***unfähig*** war und die Kinder ***tatsächlich*** von den zahlreichen Audienzbesuchen seiner Frau beim Papst herrührten – verfluchte er die „heiligen Bastarde" nebst ihren Erzeugern, ließ sich schleunigst scheiden und trat aus der Kirche aus.

„ERZÄHLEN SIE SICH NICHTS!“

„Erzählen Sie sich nichts, wenn Sie es ohnehin schon nicht mehr glauben können, sondern ***zählen*** Sie stattdessen auf sich und bleiben künftig bei der ***Wahrheit***!“

Fest entschlossen, seinen Psychiater Dr. Wirsing Wirbelwind nie mehr zu enttäuschen, ***tat*** Amtsrat Libidus Jutesack endlich, wie ihm geheißen.

Doch war die Wahrheit derart ***schmerzlich*** und ***unbequem*** für ihn – dass er bald darauf lieber in den Fluss sprang.

„ERZÄHLEN SIE SICH ETWAS!“

„Erzählen Sie sich etwas, wenn Langeweile aufkommt. Dies wird Sie gleich auf andere Gedanken bringen!“

„Klingt eigentlich recht vernünftig“, fand Korporal Baldrian Streugut und gehorchte der Empfehlung aus dem Radio.

„So ein verdammter ***Stuss***, den ich mir da von mir anhören musste!“, zürnte er jedoch heftig, als er fertig war.

Und warf den Apparat aus dem Fenster – um nicht ***selbst*** springen zu müssen.

„ERZÄHLEN SIE MIR NICHTS!“

„Erzählen Sie mir nichts, ich kenne alle Ihre Ausflüchte!“

Völlig überraschend ***gehorchte*** diesmal Lord Flockford der wiederholten Rüge von Lady Astrid Rohrbeißer – und blieb fortan konsequent stumm.

Worauf sie sich empört scheiden ließ.

Dieses wiederum nahm er ihr so übel, dass er noch im ***Jenseits*** kein Wort mehr mit ihr sprach!

„ERZÄHLEN SIE MIR ETWAS!"

„Erzählen Sie mir etwas, mein Freund!", begann Psychologe Grazilo Edelhirn seine Sitzung mit Sir Chester Bademaus.

Strahlend gab ihm dieser hierauf lauter Märchen aus der Kinderliteratur zum Besten.

„Ich hatte wohl eher gemeint, etwas über ***Sie selbst***!", unterbrach ihn der Therapeut schließlich nachsichtig.

„Aber ich bin ***selber*** ein Märchen!", offenbarte er ihm da mit treuherzigem Augenaufschlag.

Da revidierte der Doktor ganz enflammiert ihr Verhältnis, trug ihm die Ehe an – und gemeinsam bereiteten sie eine ***Märchenhochzeit*** vor.

DER POPO DES PAPSTES

ODER DIE KUNST DES AUSGLEICHS

Einmal jährlich, zum Abschluss des Festes, präsentierte Papst Plauderfrosch IX. auf dem Petersplatz seinen sehnsüchtigst erwarteten POPO (Abk. für *populärer Ostergesang*).

Wobei jedes Mal unzählige Gläubige vor Andacht in Ohnmacht fielen, aber natürlich von Seiner Heiligkeit feierlich wiedererweckt wurden.

Kenner der Materie behaupten bis heute, dass ***keiner*** seiner Vorgänger oder Nachfolger jemals einen solch ***prachtvollen*** POPO zur Schau gestellt hatte. Und das, obwohl seine gleichlautende ***Körperpartie*** das genaue Gegenteil gewesen war!

Es geht eben nichts über die Kunst des Ausgleichs.

„VERNEIGEN SIE SICH!“

„Verneigen Sie sich vor sich selber, wenn Sie es verdient haben. Und wenn Sie es ***nicht*** verdient haben, verneigen Sie sich doppelt. Das wird Sie motivieren!“

Der ebenso ehrgeizige wie selbstkritische Sir Jeffrey Schwindelwein ***wusste*** nur leider nicht, ob er es verdient hatte, weswegen er sich über den Tag verteilt immer wieder zweifach verneigte, sodass ihm bald der Schädel brummte.

Worauf er nun meinte, dies wohl schwerlich verdient zu haben – und sich noch ***mehr*** verneigte. Bis er an chronischem Kopfschmerz litt.

So lassen sich aus übertriebenem Eifer auch die ***aller***besten Ratschläge ins Gegenteil verkehren.

„VERNEIGEN SIE SICH NICHT!“

„Verneigen Sie sich nicht ständig, wenn Sie sich im Spiegel sehen!“, forderte zutiefst genervt Amtsrätin Ottavia Windelbein Gemahl Zerberus auf.

Erst als er geneigt war, sich auch vor ***ihr*** mindestens dreimal täglich artig zu verneigen, kehrte sie wieder zu ihm zurück und ließ ihm seine Marotte anstandslos durchgehen.

DER PAPST ALS STOCKFISCH

„Wenn ich bloß daran denke, wie gesellig und amüsant ich früher war! Und nun verkomme ich zusehends zum reinsten ***Stockfisch***!“, dauerte sich Papst Edelzock II. immer wieder auch öffentlich.

Da er sich aber um der „Heiligkeit und Gottes Willen“ zwang, in seinem Amte zu verbleiben und stets noch mehr zu versauern – war es seinem Nachfolger, Pflaumenrock III., ein ganz besonderes Anliegen, ihn als erste Amtshandlung zum „***heiligen*** Stockfisch“ auszurufen.

DER PAPST ALS PISTAZIE

Papst Deo überlegte voller Grazie,
ob ihn der Herr wohl als ***Pistazie***
mitsamt der ***Schale*** vernaschen würde
und ihn damit ***entbände*** von der Bürde,
seinen nackten Kern zu präsentieren –
und sich dabei ***höllisch*** zu genieren!

Am Ende freilich schien ihm dieses einerlei –
die ***Kardinäle*** verzehrten ihn als ***Einheitsbrei***!

DER PAPST ALS GIFTMÜLL

Selbst Luzifer trennt mittlerweile säuberlich und ordentlich seinen Abfall.

Sooft daher ein neuer Papst bei ihm eintrifft, gibt er die strikte Anweisung: „Dies ist Sondermüll, denn alles was mit ‚Religion' zu tun hat, ist ***besonders*** giftig!"

In ***diesem*** Punkte wenigstens kann man ihm wohl nur schwer widersprechen.

DER PAPST ALS SONDERMÜLL

Anders als Satan, sah Papst Wirbelkind IX. ***seinen*** Status zum Abschluss der Regentschaft ein wenig differenzierter.

Nach dem Motto: „Von Gott geweiht – am Ende entzweit“ betrachtete er sich eher als eine Art ***Spezial***müll, entstanden durch die Unwägbarkeiten und spezifischen Dilemmata seines unheilvollen Amtes.

Weswegen ***er*** sich letztlich auch den „höllischen Umweg“ ersparte – und schon bald vom ***wahren*** Heiligen Vater als verlorener Sohn zurückempfangen wurde.

DER PAPST ALS WILDFANG

„Was für ein Wildfang!“, stöhnten die Kardinäle über den neuen Papst Streunehund den Beschwingten, der wie ein Wirbelwind von früh bis spät durch den Vatikan flitzte, um sich diesen so gründlich wie möglich anzueignen.

Am Ende freilich, nach allen Wirrungen und Irrungen, hatte er es dann ***mindestens*** so eilig, ins ***Jenseits*** zu gelangen – bevor es ihn noch ***weiter*** abwärtszöge …

DER PAPST ALS FIGURANT

„Ich komme mir hier wie ein bloßer ***Figurant*** vor, der letztlich ***überhaupt*** nichts Schöpferisches bewirken kann!“, klagte fortgesetzt Papst Winkelbein IX. angesichts des steifen und starren Kirchenapparats mit all seinen schwerfälligen Gesetzmäßigkeiten.

Damit er aber dennoch nicht leer ausginge – wurde er vom Nachfolger, Seidenrein X., wegen seiner „ganz erstaunlichen Weit- und Einsicht“ ***heilig***gesprochen!

„ABSTRAHIEREN SIE MICH!“

„Abstrahieren Sie mich!“

Die Bitte seines Patienten Graf Adelaidus Dorfbirn wurde von Psychiater Edelzeck Salzhirn leider gründlich missverstanden – indem er ihn durch maßlos überzogene Honorarnoten lediglich um sein halbes Vermögen brachte.

„ABSTRAHIEREN SIE MICH NICHT!“

„Abstrahieren Sie mich nicht!“, verwahrte sich energisch Hofrat Goretti Streugack, als ihn Dr. Nathan Wühlsack zur Untersuchung eines Nasenleidens völlig entkleiden wollte – ihn nun aber einen „halben Hypochonder“ nannte.

Worauf ihn dieser einen „***kompletten*** Quacksalber“ schalt und sich schleunigst einen Arzt suchte, der ihn „unabstrahiert“ behandelte.

„ABSTRAHIEREN SIE SICH!“

„Abstrahieren Sie sich von sich selbst, was dann noch übrigbleibt, hat Bestand!“

Die Kernaussage des Buches „Die Selbstabstraktion“ von Jennifer Wonnefroh war Baron Sonnemond Badefloh erst im Jenseits so richtig aufgegangen.

Wo sie dann auch ***trefflich*** funktionierte.

„ABSTRAHIEREN SIE SICH NICHT!“

„Abstrahieren Sie sich nicht, indem Sie sich ständig ***kleiner*** machen als Sie sind!“, mahnte zum wiederholten Male Oberstudienrat Falottino Sorgenschwein seinen Pudel Lazarus – der sich zutiefst genervt von den ewigen, fruchtlosen „Diskussionen“ mit seinem Herrn immer wieder unter dem Bett verkroch.

Bis er eines Tages tatsächlich die ***Größe*** fand, das Haus zu verlassen und sich eine eigene Existenz „aufzubauen“ …

DER PAPST ALS SANDMÄNNCHEN

Dies ist wohl wahrlich eine der „klassischsten“ aller Papstrollen.

Weswegen seit jeher ein enormer Konkurrenzkampf zwischen den Heiligen Vätern tobt, wer sie am ***wirksamsten*** ausfüllt – indem er den christlichen „Kindern“ besonders viel Sand in die Augen streut …

Printed by Books on Demand GmbH, Norderstedt / Germany